MANAGER
ET
COMPRENDRE SON
ENVIRONNEMENT

Une citation par jour à l'usage des cadres

Eric Scarazzini

Édition : BoD – Books on Demand, 12/14 rond-point des
Champs-Élysées, 75008 Paris
Impression : BoD – Books on Demand, Norderstedt,
Allemagne
ISBN : 9782322183012
Dépôt légal : septembre 2019

Manager c'est diriger, conduire, supprimer les obstacles, mais c'est aussi écouter, comprendre, accepter et excuser.

Une citation par jour, même pour les années bissextiles, ne permettra pas de répondre à toutes les questions ou de résoudre tous les problèmes, mais pourra certainement aider à mieux comprendre son environnement.

La vie n'est pas un long fleuve tranquille tout comme une carrière professionnelle.

Il faut rester conscient qu'un cadre aura toujours des ennemis et ne sera jamais trahi que par ses amis.

La recherche de la perfection ne doit pas nous détourner de l'essentiel et comprendre la nature humaine pourra nous amener vers plus de sagesse et de spiritualité.

« Doutez de tout et surtout de ce que je vais vous dire. »
Bouddha

« Le bonheur c'est lorsque vos actes sont en accord avec vos paroles. »
Indira Gandhi

« La patience est un élément clé de la réussite. »
Bill Gates

« L'espèce de bonheur qu'il me faut n'est pas tant de faire ce que je veux, que de ne pas faire ce que je ne veux pas. »
Jean-Jacques Rousseau

« Rien n'est avantageux qui te fait perdre le respect de toi-même. »
Marc Aurèle

« Le courage et la persévérance ont un talisman magique devant lequel les difficultés disparaissent et les obstacles s'évaporent. »
John Quincy Adams

« Jamais la haine ne cesse par la haine ; c'est la bienveillance qui réconcilie. »
Bouddha

« La patience est un arbre dont la racine est amère, et dont les fruits sont très doux. »
Proverbe persan

« Le premier travail d'un manager n'est pas d'apporter la motivation mais de supprimer les obstacles. »
Scott Adams

« Il est facile de recruter mille soldats, mais il est difficile de trouver un général. »
Proverbe Chinois

« L'ouvrage a toujours l'air facile, quand le travail est un plaisir. »
Cardinal de Bernis

« Un problème sans solution est un problème mal posé. »
Albert Einstein

« Il faut éliminer les problèmes dès le début de leur apparition tant qu'ils sont encore simples. »
Lao-Tseu

« La vraie faute est celle qu'on ne corrige pas. »
Confucius

« La vraie réussite d'un leader se trouve dans le fait qu'il laisse derrière lui, dans d'autres hommes, la conviction et la volonté de continuer. »
Anonyme

« On ne conduit le peuple qu'en lui montrant un avenir : un chef est un marchand d'espérance. »
Napoléon Bonaparte

« Cinquante brebis sans un berger ne font pas un troupeau. »
Proverbe russe

« Pour connaître les hommes, il faut les voir agir. »
Jean-Jacques Rousseau

« La vraie valeur d'un homme réside, non dans ce qu'il a, mais dans ce qu'il est. »
Oscar Wilde

« Un chef est un homme qui a besoin des autres. »
Paul Valéry

« Tout homme aime mieux donner des ordres qu'en recevoir. »
Baruch Spinoza

« On considère le chef d'entreprise comme un homme à abattre, ou une vache à traire. Peu voient en lui le cheval qui tire le char. »
Winston Churchill

« L'autonomie est un luxe que peu de cadres
peuvent s'offrir. »
Eric Scarazzini

« Le grade confère autorité et non supériorité. »
Jean-Paul Sartre

« Aucun de nous, en agissant seul, ne peut atteindre le succès. »
Nelson Mandela

« Tout au long de ma vie, je n'ai jamais cessé de mesurer mieux, jour après jour, la valeur du compromis. »
Gandhi

« Le but de la discussion ne doit pas être la victoire, mais l'amélioration. »
Joseph Joubert

« La valeur morale ne peut pas être remplacée par la valeur intelligence et j'ajouterai : Dieu merci ! »
Albert Einstein

« À pratiquer plusieurs métiers, on ne réussit dans aucun. »
Platon

« L'exemplarité est un mot souvent utilisé mais rarement mis en œuvre. »
Eric Scarazzini

« La vérité pure et simple est très rarement pure et jamais simple. »
Oscar Wilde

« La justice, c'est comme la Sainte Vierge, si on ne la voit pas de temps en temps, le doute s'installe. »
Michel Audiard

« Le courage, c'est de chercher la vérité et de la dire. »
Jean Jaurès

« L'honneur, c'est comme la virginité, ça ne sert qu'une fois. »
Georges Clemenceau

« L'homme supérieur c'est celui qui d'abord met ses paroles en pratique, et ensuite parle conformément à ses actions. »
Confucius

« La lâcheté tend à projeter sur les autres la responsabilité qu'on refuse. »
Julio Cortazar

« Rien n'est aussi contagieux que l'exemple. »
François de La Rochefoucauld

« L'exemplarité n'est pas une façon d'influencer,
c'est la seule. »
Albert Schweitzer

« Les exemples instruisent mieux que les
préceptes. »
Issac Newton

« La parole enseigne, l'exemple entraîne. »
Joseph Joubert

« L'exemple n'est pas le meilleur moyen de
convaincre, c'est le seul. »
Gandhi

« Un grand dirigeant commande par l'exemple et
non par la force. »
Sun Tzu

« Longue est la voie des préceptes, courte et
infaillible celle des exemples. »
Sénèque

« En faisant scintiller notre lumière, nous offrons
aux autres la possibilité d'en faire autant. »
Nelson Mandela

« Ne cherchez pas des gens qui vous donnent des conseils ; regardez plutôt ceux qui vous donnent des exemples. »
Sacha Guitry

« L'histoire est la philosophie enseignée par l'exemple. »
Denys d'Halicarnasse.

« Si l'histoire était d'une quelconque utilité, si elle servait d'exemple aux générations futures, elle ne se répéterait pas inlassablement. »
Camille de Peretti

« Celui qui donne un bon conseil construit d'une main, celui qui conseille et donne l'exemple, à deux mains ; mais celui qui donne de bonnes leçons et un mauvais exemple construit d'une main et détruit de l'autre. »
Francis Bacon

« L'exemplarité est le moyen le plus efficace d'établir sa crédibilité. »
Anonyme

« Un mauvais exemple donné par l'autorité est une prime accordée au vice. »
Anonyme

« Tout Français désire bénéficier d'un ou plusieurs privilèges. C'est sa façon d'affirmer sa passion pour l'égalité. »
Charles de Gaulle

« Le grand art en politique, ce n'est pas d'entendre ceux qui parlent, c'est d'entendre ceux qui se taisent. »
Etienne Lamy

« La politique consiste à choisir entre le désastreux et le désagréable. »
John Kenneth Galbraith

« La politique est l'art de se servir des gens. »
Henry de Montherlant

« Tout peut, un jour, arriver, même qu'un acte conforme à l'honneur et à l'honnêteté apparaisse en fin de compte, comme un bon placement politique. »
Charles de Gaulle

« En politique : dans l'opposition, l'on ne sait rien mais l'on peut tout dire, tandis que dans la majorité l'on sait tout, mais l'on ne peut rien dire. »
Bernard Beugnies

« Tout l'art du discours politique consiste à ne rien mettre dedans. C'est plus difficile qu'il n'y paraît. »
Hilaire Belloc

« Ne croyez jamais une chose en politique aussi longtemps qu'elle n'a pas été démentie. »
Otto von Bismarck

« Dans la vie politique, on ne se fait pas, on ne se crée pas de véritables amitiés. On a quelques bons compagnons. »
François Mitterrand

« La politique est l'art des compromissions. »
Joseph Pelletier

« L'arène politique est le seul terrain qu'on peut continuer à occuper après avoir été disqualifié. »
Philippe Bouvard

« En politique, il faut suivre le droit chemin ; on est sûr de n'y rencontrer personne. »
Otto von Bismarck

« Tout le monde peut faire des erreurs et les imputer à autrui : c'est faire de la politique. »
Georges Clemenceau

« Le crime ne paie pas... autant que la politique. »
Alfred Newman

« Faire parler un homme politique sur ses projets et son programme, c'est comme demander à un garçon de restaurant si le menu est bon. »
Jean Dutourd

« Jamais on ne corrompt le peuple, mais souvent on le trompe. »
Jean-Jacques Rousseau

« Les gouvernements qui se conduisent le mieux sont ceux dont on parle le moins. »
Jean-Jacques Rousseau

« Ministre. Personne qui agit avec un grand pouvoir et une faible responsabilité. »
Ambrose Bierce

« Les discours dans notre culture sont du vent avec lequel nous remplissons du vide. »
John Kenneth Galbraith

« En politique, il est plus rentable de se contredire que de se répéter. »
Philippe Bouvard

« Presque toujours, en politique, le résultat est contraire à la prévision. »
François René deChateaubriand

« En politique le choix est rarement entre le bien et le mal, mais entre le pire et le moindre mal. »
Nicolas Machiavel

« Si j'étais prince ou législateur, je ne perdrais pas mon temps à dire ce qu'il faut faire ; je le ferais, ou je me tairais. »
Jean-Jacques Rousseau

« La politique est le repaire des ratés, elle conduit au gâtisme intellectuel. »
Jean-Baptiste Doumeng

« On ne ment jamais tant qu'avant les élections, pendant la guerre et après la chasse. »
Georges Clemenceau

« Le meilleur gouvernement est celui où il y a le moins d'hommes inutiles. »
Voltaire

« Les seules richesses des gouvernants doivent être la justice et l'équité. »
Confucius

« La politique, ça ne consiste pas à suivre le courant, mais à indiquer le cap. »
Jacques Chirac

« Un traître est celui qui quitte son parti pour s'inscrire à un autre ; et un converti, celui qui quitte cet autre pour s'inscrire au vôtre. »
Georges Clemenceau

« L'art de gouverner consiste à ne pas laisser vieillir les hommes dans leur poste. »
Napoléon Bonaparte

« Les lois sont très nombreuses lorsque l'État est très corrompu. »
Proverbe latin

« Le mot de « vertu politique » est un non-sens. »
Napoléon Bonaparte

« Quand on veut gouverner les hommes, il ne faut pas les chasser devant soi ; il faut les faire suivre. »
Montesquieu

« Dans les révolutions, il y a deux sortes de gens : ceux qui les font et ceux qui en profitent. »
Napoléon Bonaparte

« On ne sent point qu'on est menteur quand on a l'habitude de l'être. »
Marivaux

« En démocratie, vous dites ce que vous voulez, et vous faites ce qu'on vous dit. »
Gerard Barry

« La France est un pays qui adore changer de gouvernement à condition que ce soit toujours le même. »
Balzac

« La dictature, c'est « ferme ta gueule » ; la démocratie, c'est « cause toujours ». »
Jean-Louis Barrault

« La démocratie est une technique qui nous garantit de ne pas être mieux gouvernés que nous le méritons. »
George Bernard Shaw

« Imposer la démocratie à tous les pays du monde est une idée noble, mais qui dit qu'elle est le système idéal pour tous les pays ? »
Clint Eastwood

« Un bulletin de vote est plus fort qu'une balle de fusil. »
Abraham Lincoln

« Ce qui compte ce n'est pas le vote, c'est comment on compte les votes. »
Joseph Staline

« Ce n'est pas dans la connaissance qu'est le bonheur, mais dans l'acquisition de la connaissance. »
Anatole France

« L'enseignement devrait être ainsi : celui qui le reçoit le recueille comme un don inestimable mais jamais comme une contrainte pénible. »
Albert Einstein

« On paie mal un maître en ne restant toujours que l'élève. »
Friedrich Nietzsche

« L'homme honorable commence par appliquer ce qu'il veut enseigner ; ensuite il enseigne. »
Confucius

« L'ignorance n'a jamais fait de mal ; l'erreur seule est funeste ; on ne s'égare point parce qu'on ne sait pas, mais parce qu'on croit savoir. »
Jean-Jacques Rousseau

« La confiance en soi ne remplace pas la compétence. »
Olivier Lockert

« Plaider l'ignorance n'enlèvera jamais notre responsabilité. »
John Russin

« Être conscient de son ignorance, c'est tendre vers la connaissance. »
Benjamin Disraeli

« Connaître son ignorance est la meilleure part de la connaissance. »
Proverbe chinois

« Si vous ne pouvez expliquer un concept à un enfant de six ans, c'est que vous ne le comprenez pas complètement. »
Albert Einstein

« Je ne peux rien pour qui ne se pose pas de questions. »
Confucius

« L'essentiel dans l'éducation, ce n'est pas la doctrine enseignée, c'est l'éveil. »
Ernest Renan

« Quand vous plantez une graine une fois, vous obtenez une seule et unique récolte. Quand vous instruisez les gens, vous en obtenez cent. »
Confucius

« De l'éducation de son peuple dépend le destin d'un pays. »
Benjamin Disraeli

« L'éducation est l'arme la plus puissante qu'on puisse utiliser pour changer le monde. »
Nelson Mandela

« Le doute est la clé de toute connaissance. »
Proverbe persan

« C'est ce que nous pensons déjà connaître qui nous
empêche souvent d'apprendre. »
Claude Bernard

« Les professeurs ouvrent les portes mais vous devez
entrer vous-même. »
Proverbe chinois

« Celui qui aime à apprendre est bien près du
savoir. »
Confucius

« Sans imagination il ne pourrait y avoir création. »
Albert Jacquard

« L'imagination est plus importante que le savoir. »
Albert Einstein

« À la fin, nous nous souviendrons non pas des mots de nos ennemis, mais des silences de nos amis. »

Martin Luther King

« Ne craignez jamais de vous faire des ennemis ; si vous n'en avez pas, c'est que vous n'avez rien fait. »
Georges Clemenceau

« Chaque fois qu'on produit un effet, on se donne un ennemi. Il faut rester médiocre pour être populaire. »
Oscar Wilde

« Il est plus sûr d'être craint que d'être aimé. »
Nicolas Machiavel

« Connais ton adversaire, connais-toi, et tu ne mettras pas ta victoire en danger. »
Sun Tzu

« Homme sans ennemis, homme sans valeur. »
Proverbe bosniaque

« On ne souffre jamais que du mal que nous font ceux qu'on aime. Le mal qui vient d'un ennemi ne compte pas. »
Victor Hugo

« Fais ami avec le loup, mais garde ta hache prête. »
Proverbe russe

« Si tu restes assez longtemps au bord de la rivière tu verras le cadavre de ton ennemi passer. »
Proverbe chinois

« Quand le lion saigne, les chacals reprennent courage. »
Proverbe arabe

« Qui te craint en ta présence, te nuit en ton absence. »
Proverbe italien

« N'insultez pas le crocodile lorsque vos pieds sont encore dans l'eau. »
Proverbe africain

« Ne dis pas tes peines à autrui, l'épervier et le vautour s'abattent sur le blessé qui gémit. »
Proverbe arabe

« N'interrompez jamais un ennemi qui est en train de faire une erreur. »
Napoléon Bonaparte

« Ceux qui manquent de courage ont toujours une
philosophie pour le justifier. »
Albert Camus

« Le courage est le prix de la dignité. »
Pierre Billon

« Le manque de courage n'est qu'un manque de
bon sens. »
George Meredith

« Le courage est comme un muscle ; il est renforcé
par l'utilisation. »
Ruth Gordon

« Il est facile de se tenir avec la foule. Il faut du
courage pour rester seul. »
Gandhi

« Tous, nous serions transformés si nous avions le
courage d'être ce que nous sommes. »
Marguerite Yourcenar

« À mesure qu'on s'avance dans la vie, on s'aperçoit
que le courage le plus rare est celui de penser. »
Anatole France

« On ne peut jamais savoir ce qu'il peut advenir d'un homme qui possède à la fois une certaine conception de ses intérêts et un fusil. »
Georges Clemenceau

« Quand les types de 130 kilos disent certaines choses, les types de 60 kilos les écoutent. »
Michel Audiard

« Quand les grands de ce monde commettent une faute, ce sont les petits qui paient. »
Pierre Dac

« Tout travail tend à se dilater pour remplir le temps disponible à sa réalisation. »
Cyril Northcote Parkinson

« Arriver tous les jours à son travail avec une heure de retard est un signe de ponctualité. »
Jacques Sternberg

« Les créanciers ont meilleure mémoire que les débiteurs. »
Benjamin Franklin

« Le pardon vient souvent de la générosité, mais souvent aussi du manque de mémoire. »
Alfred Capus

« Si nous faisions tout ce dont nous sommes capables, nous nous surprendrions vraiment. »
Thomas Edison

« Sur le champ des principes, il n'y a pas de place pour la négociation. »
Lucien Bouchard

« C'est une perfection de n'aspirer point à être parfait. »
Fénelon

« Il y a des gens qui ne savent pas perdre leur temps tout seul. Ils sont le fléau des gens occupés. »
Louis de Bonald

« L'essentiel est sans cesse menacé par l'insignifiant. »
René Char

« Ceux qui font mauvais usage de leur temps sont les premiers à se plaindre de sa brièveté. »
Jean de La Bruyère

« Le temps se rétrécit ou semble s'accélérer à mesure qu'approche la date du but à atteindre. »
Eric Tabarly

« La critique peut être désagréable, mais elle est nécessaire. Elle est comme la douleur pour le corps humain : elle attire l'attention sur ce qui ne va pas. »
Winston Churchill

« Lorsque nous critiquons, il faut le faire avec une humilité et une courtoisie qui ne laissent subsister aucune amertume. »
Gandhi

« Agissez envers les autres comme vous aimeriez qu'ils agissent envers vous. »
Confucius

« Il vaut mieux faire l'information que la recevoir ; il vaut mieux être acteur que critique. »
Winston Churchill

« La critique est une chose bien commode : on attaque avec un mot, il faut des pages pour se défendre. »
Jean-Jacques Rousseau

« Conseiller est aisé, aider est difficile. »
Proverbe chinois

« Un conseil a plus de valeur quand il est demandé que quand il est offert. »
Anonyme

« Les seules vraies erreurs sont celles que nous commettons à répétition. Les autres sont des occasions d'apprentissage. »
Dalaï Lama

« Tirez les leçons des erreurs d'autrui, car vous ne vivrez pas assez longtemps pour pouvoir les faire toutes vous-même. »
Eleanor Roosevelt

« Ceux qui ne font rien ne se trompent jamais. »
Théodore de Banville

« Le seul homme à ne jamais faire d'erreurs est celui qui ne fait rien. »
Theodore Roosevelt

« La seule véritable erreur est celle dont on ne retire aucun enseignement. »
John Wesley Powell

« Quand je prends la peine d'écouter le message de mes erreurs, je grandis. »
Hugh Prather

« Si vous ne faites pas d'erreur, c'est que vous ne vous êtes pas donné suffisamment de mal. »
Mark H. Mc Cormack

« Le talent n'est presque rien et l'expérience est tout,
que l'on acquiert à force de modestie et de travail. »
Patrick Süskind

« La rigueur vient toujours à bout de l'obstacle. »
Léonard de Vinci

« Il faut avoir déjà beaucoup appris de choses pour
savoir demander ce qu'on ne sait pas. »
Jean-Jacques Rousseau

« Celui qui déplace la montagne, c'est celui qui
commence à enlever les petites pierres. »
Confucius

« L'expérience prouve que celui qui n'a jamais
confiance en personne ne sera jamais déçu. »
Léonard de Vinci

« Savoir bien se taire est plus malaisé que bien
parler. »
Proverbe juif

« L'effort d'unir sagesse et pouvoir aboutit rarement
et seulement très brièvement. »
Albert Einstein

« Dans une collectivité territoriale, les cadres supérieurs installés par le pouvoir en place, sont subordonnés à l'autorité probablement en raison de leur appartenance à un réseau, leurs compromissions, leur confort matériel et peut-être leur incompétence. »
Eric Scarazzini

« Avec le temps, tout poste sera occupé par un employé incapable d'en assumer la responsabilité. »
Laurence J. Peter

« Principe de Peter : dans une hiérarchie, tout employé a tendance à s'élever au niveau de son incompétence. »
Laurence J. Peter

« Réussite : accession au dernier poste, c'est-à-dire au niveau d'incompétence. »
André Malraux

« Si deux hommes sont d'accord sur tout, c'est qu'un seul des deux pense. »
Lyndon B. Johnson

« Si tout le monde vous donne raison, c'est que vous êtes d'une intelligence remarquable... ou bien que vous êtes le patron. »
André Birabeau

« On place ses éloges comme on place de l'argent, pour qu'ils nous soient rendus avec les intérêts. »
Jules Renard

« Le seul mauvais choix est l'absence de choix. »
Amélie Nothomb

« ½ DECISION = BORDEL² »
Olivier Bas

« Rien n'est jamais sans conséquence. En conséquence, rien n'est jamais gratuit. »
Confucius

« Il y a toujours moins de courage à emboîter le pas qu'à se détacher d'un ensemble. »
André Gide

« L'instinct d'imitation et l'absence de courage gouvernent les sociétés comme les foules. »
Marcel Proust

« Le courage croît en osant et la peur en hésitant. »
Proverbe latin

« L'action rapporte toujours plus que la propagande. »
Fernando Pessoa

« L'art de la réussite consiste à savoir s'entourer des meilleurs. »
John F. Kennedy

« Le tout est plus grand que la somme des parties. »
Confucius

« Pour être le meilleur, il suffit parfois que les autres soient moins bons. »
Philippe Geluck

« Le travail d'équipe est essentiel. En cas d'erreur, ça permet d'accuser quelqu'un d'autre. »
Bernard Menez

« Un travail d'équipe, c'est un ensemble de gens qui font ce que je leur dis. »
Michael Winner

« Généralement, les gens qui savent peu parlent beaucoup, et les gens qui savent beaucoup parlent peu. »
Jean-Jacques Rousseau

« Quand on obtient d'une chose ce qu'on en attendait, on n'en demande pas plus. »
Winston Churchill

« Le quotient intellectuel d'une foule est égal à celui du plus imbécile de ses membres. »
Jean Dion

« L'opinion publique n'existe que là où il n'y a pas d'idées. »
Oscar Wilde

« Plus une calomnie est difficile à croire, plus pour la retenir les sots ont de mémoire. »
Casimir Delavigne

« La majorité a toujours raison, mais la raison a bien rarement la majorité aux élections. »
Jean Mistler

« Le mensonge et la crédulité s'accouplent et engendrent l'opinion. »
Paul Valéry

« Ce qui a été cru partout, par tous, et pour toujours a toutes les chances d'être faux. »
Paul Valéry

« Veux-tu avoir la vie facile ? Reste toujours près du troupeau, et oublie-toi en lui. »
Friedrich Nietzsche

« Tout compromis repose sur des concessions mutuelles, mais il ne saurait y avoir de concessions mutuelles lorsqu'il s'agit de principes fondamentaux. »
Gandhi

« Le courage est un muscle comme les autres : il faut
l'exercer de temps en temps pour ne pas en perdre
l'usage. »
Anne Dandurand

« Quand on peut accomplir sa promesse sans
manquer à la justice, il faut tenir sa parole. »
Confucius

« La vie est faite de compromis, mais les compromis
ne doivent pas altérer nos valeurs. »
Eric Scarazzini

« Pour dire oui, il faut pouvoir dire non. »
François Mitterrand

« Presque tous les hommes sont esclaves, faute de
savoir prononcer la syllabe « non ». »
Nicolas de Chamfort

« Les deux mots les plus brefs et les plus anciens,
oui et non, sont ceux qui exigent le plus de
réflexion. »
Pythagore

« Que d'hommes se pressent vers la lumière non pas pour voir mieux, mais pour mieux briller. »
Friedrich Nietzsche

« Les vertus se perdent dans l'intérêt, comme les fleuves dans la mer. »
François de La Rochefoucault

« Le poids des réseaux, le choc des promos. »
Eric Scarazzini

« Un homme combattra plus pour ses intérêts que pour ses droits. »
Napoléon Bonaparte

« Tout individu plongé dans une organisation reçoit une poussée verticale de bas en haut vers les responsabilités égale au poids du volume des réseaux mis en œuvre. »
Eric Scarazzini

« L'esclave n'a qu'un maître ; l'ambitieux en a autant qu'il y a de gens utiles à sa fortune. »
Jean de la Bruyère

« On gouverne mieux les hommes par leurs vices que par leurs vertus. »
Napoléon Bonaparte

« L'esprit humain souffre d'une carence intellectuelle fondamentale : pour qu'il comprenne la valeur d'une chose, il faut le priver de cette chose. »
Amélie Nothomb

« Nous ne connaissons la valeur de l'eau que lorsque le puits est à sec. »
Proverbe anglais

« Quelqu'un s'assoit à l'ombre aujourd'hui parce que quelqu'un d'autre a planté un arbre il y a longtemps. »
Warren Buffet

« C'est le déclin quand l'homme se dit « Que va-t-il se passer ? », au lieu de dire « Que vais-je faire ? »
Jacques Chirac

« Gardez toujours à l'esprit que votre propre décision de réussir est plus importante que n'importe quoi d'autre. »
Abraham Lincoln

« Que de choses il faut ignorer pour agir ! »
Paul Valéry

« Ce n'est que lorsque le puits s'assèche que l'on découvre la valeur de l'eau. »
Proverbe écossais

« Pour prendre une décision, il faut être un nombre impair de personnes, et trois c'est déjà trop. »
Georges Clemenceau

« Délibérer est le fait de plusieurs. Agir est le fait d'un seul. »
Charles de Gaulle

« Dans une organisation, on n'a jamais que le pouvoir que l'on veut bien nous donner. »
Eric Scarazzini

« Prenez invariablement la position la plus élevée, c'est généralement la moins encombrée. »
Charles de Gaulle

« L'homme n'est point fait pour méditer, mais pour agir. »
Jean-Jacques Rousseau

« Si tout le monde est du même avis, c'est que personne n'a vraiment réfléchi. »
Jean-Paul Sartre

« Si le problème a une solution, il ne sert à rien de s'inquiéter. Mais s'il n'en a pas, alors s'inquiéter ne change rien. »
Proverbe tibétain

« La communication non verbale c'est apercevoir l'indicible pour entendre les non-dits. »
Pascal Lefeuvre

« La communication consiste à comprendre celui qui écoute. »
Jean Abraham

« Dans la communication, le plus compliqué n'est ni le message, ni la technique, mais le récepteur. »
Dominique Wolton

« La chose la plus importante en communication, c'est d'entendre ce qui n'est pas dit. »
Peter Drucker

« Quand on sait entendre, on parle toujours bien. »
Molière

« On parle toujours mal quand on n'a rien à dire. »
Voltaire

« Je ne cherche pas à connaître les réponses, je cherche à comprendre les questions. »
Confucius

« Mieux vaut rester silencieux et passer pour un imbécile que parler et n'en laisser aucun doute. »
Abraham Lincoln

« Comprendre une question est une demi-réponse. »
Socrate

« L'important n'est pas de convaincre mais de donner à réfléchir. »
Bernard Werber

« Point n'est besoin d'élever la voix quand on a raison. »
Proverbe chinois

« Vous n'aurez jamais une deuxième chance de faire une bonne première impression. »
David Swanson

« Les gens qu'on interroge, pourvu qu'on les interroge bien, trouvent d'eux-mêmes les bonnes réponses. »
Socrate

« On peut feindre d'avoir du cœur, pas d'avoir de l'esprit. »
Paul Morand

« Le silence devient un péché lorsqu'il prend la place qui revient à la protestation ; et, d'un homme, il fait alors un lâche. »
Abraham Lincoln

« Que la force me soit donnée de supporter ce qui ne peut être changé et le courage de changer ce qui peut l'être mais aussi la sagesse de distinguer l'un de l'autre. »
Marc Aurèle

« Dans un cœur troublé par le souvenir, il n'y a pas de place pour l'espérance. »
Alfred de Musset

« Il vient une heure où protester ne suffit plus : après la philosophie, il faut l'action. »
Victor Hugo

« Je serai heureux de servir ; ce qui me répugne, c'est d'être asservi. »
Alexandre Griboïedov

« Il n'y a rien de négatif dans le changement, si c'est dans la bonne direction. »
Winston Churchill

« Quand je cesserai de m'indigner, j'aurai commencé ma vieillesse. »
André Gide

« Les grands esprits ont toujours rencontré une opposition farouche des esprits médiocres. »
Albert Einstein

« Construire peut être le fruit d'un travail long et acharné. Détruire peut être l'œuvre d'une seule journée. »
Winston Churchill

« En général, on exige trop de talents pour les petits emplois, et trop peu pour les grands. »
Émile Zola

« C'est une grande faute de se croire plus que l'on est, et de s'estimer moins qu'on ne vaut. »
Goethe

« N'essayez pas de devenir un homme qui a du succès. Essayez de devenir un homme qui a de la valeur. »
Albert Einstein

« La valeur d'un homme tient dans sa capacité à donner et non dans sa capacité à recevoir. »
Albert Einstein

« Les grandes choses se font par la valeur des hommes bien plus que par des textes. »
Charles de Gaulle

« La confiance n'exclut pas le contrôle. »
Lénine

« C'est de la confiance que naît la trahison. »
Proverbe arabe

« L'une des meilleures façons d'aider quelqu'un est
de lui donner une responsabilité et de lui faire
savoir que vous lui faites confiance. »
Booker T. Washington

« La confiance ne se réclame pas, elle se gagne. »
Marc Goldstein

« Ne mentez jamais à quelqu'un en qui vous voulez
avoir confiance. À partir du moment où vous lui
aurez menti une fois, vous aurez bien du mal à le
croire. »
Rivarol

« Depuis Adam se laissant enlever une côte jusqu'à
Napoléon attendant Grouchy, toutes les grandes
affaires qui ont foiré étaient basées sur la
confiance. »
Michel Audiard

« Soyez polis envers tous, mais intimes avec peu ; et
choisissez-les bien avant de leur faire confiance. »
George Washington

« Ne parlez jamais de vous, ni en bien, car on ne vous croirait pas, ni en mal car on ne vous croirait que trop. »
Confucius

« Vous n'aurez jamais une deuxième chance de faire une bonne première impression. »
David Swanson

« Nous vivons dans un monde où l'échec des autres devient plus important que notre propre réussite. »
Philippe Bouvard

« Toute tolérance devient à la longue un droit acquis. »
Georges Clemenceau

« L'espoir permet de manipuler les hommes. »
Eric Scarazzini

« Les cimetières sont pleins de gens irremplaçables, qui ont tous été remplacés. »
Georges Clemenceau

« Être dans le vent : une ambition de feuille morte. »
Gustave Thibon

« Un pessimiste, c'est un optimiste qui a beaucoup d'expérience. »
André Bapst

« Un pessimiste est un type qui regarde des deux côtés avant de traverser une rue à sens unique. »
Laurence J. Peter

« Une fois que le bateau a coulé, tout le monde sait comment on aurait pu le sauver. »
Proverbe italien

« J'aime mieux être de ces écrivains dont on se demande pourquoi ils ne sont pas de l'Académie, qu'un de ceux dont on se demande pourquoi ils en sont. »
Tristan Bernard

« Un conciliateur c'est quelqu'un qui nourrit un crocodile en espérant qu'il sera le dernier à être mangé. »
Winston Churchill

« Un économiste est un expert qui saura demain pourquoi ce qu'il avait prédit hier ne s'est pas produit aujourd'hui. »
Laurence J. Peter

« La responsabilité des fautes se met très volontiers au compte des morts. »
Jules César

« Je ne suis pas d'accord avec ce que vous dites, mais je me battrai jusqu'au bout pour que vous puissiez le dire. »
Voltaire

« Seul un homme guidé par la raison et éclairé par la connaissance est libre. »
Spinoza

« Il n'y a que deux puissances au monde, le sabre et l'esprit : à la longue, le sabre est toujours vaincu par l'esprit. »
Napoléon Bonaparte

« La liberté commence où l'ignorance finit. »
Victor Hugo

« C'est le devoir qui crée le droit et non le droit qui crée le devoir. »
François-René de Chateaubriand

« La raison, le jugement, viennent lentement, les préjugés accourent en foule. »
Jean-Jacques Rousseau

« Un trône n'est qu'une planche garnie de velours. »
Napoléon Bonaparte

" Deux choses sont infinies : l'univers et la bêtise humaine. Mais en ce qui concerne l'univers je n'en ai pas encore acquis la certitude absolue. »

Albert Einstein

« Lorsque l'on se cogne la tête contre un pot et que cela sonne creux, ça n'est pas forcément le pot qui est vide. »
Confucius

« C'est une erreur de croire nécessairement faux ce qu'on ne comprend pas. »
Gandhi

« Celui qui ne progresse pas chaque jour, recule chaque jour. »
Confucius

« Il n'y a que dans le dictionnaire que réussite vient avant travail. »
Pierre Fornerod

« Toutes choses sont dites déjà ; mais comme personne n'écoute, il faut toujours recommencer. »
André Gide

« Le martyre, c'est le seul moyen de devenir célèbre quand on n'a pas de talent. »
Pierre Desproges

« Le fanatisme est la seule forme de volonté qui puisse être insufflée aux faibles et aux timides. »
Friedrich Nietzsche

« Tous les êtres humains pensent, seuls les intellectuels s'en vantent. »
Philippe Bouvard

« On est stupéfait de la quantité de critique que peut contenir un imbécile. »
Victor Hugo

« Il ne faut pas se fier aux apparences. Beaucoup de gens n'ont pas l'air aussi bêtes qu'ils ne le sont réellement. »
Oscar Wilde

« L'âme n'a pas de secret que la conduite ne révèle. »
Proverbe chinois

« Dire le secret d'autrui est une trahison, dire le sien est une sottise. »
Voltaire

« Celui qui se réclame de l'autorité ne met pas en œuvre l'intelligence, mais plutôt la mémoire. »
Léonard de Vinci

« Nul vainqueur ne croit au hasard. »
Friedrich Nietzsche

« Dans la vie on ne fait pas ce que l'on veut mais on est responsable de ce que l'on est. »
Jean-Paul Sartre

« Qui veut faire quelque chose trouve un moyen, qui ne veut rien faire trouve une excuse. »
Proverbe arabe

« Exige beaucoup de toi-même et attends peu des autres. Ainsi beaucoup d'ennuis te seront épargnés. »
Confucius

« Celui qui n'a pas d'objectifs ne risque pas de les atteindre. »
Sun Tzu

« Patience et longueur de temps font plus que force ni que rage. »
Jean de La Fontaine

« Les moyens ne sont jamais adéquats quand le but est mal défini. »
Jacques Chirac

« Le danger que l'on pressent, mais que l'on ne voit pas, est celui qui trouble le plus. »
Jules César

« Une crainte prévoyante et précoce est mère de
toute sécurité. »
Edmund Burke

« L'histoire nous enseigne qu'une civilisation, pour
garder la maîtrise de son destin, doit se donner les
moyens de sa sécurité. »
Jacques Chirac

« La seule chose dont on soit sûr, en ce qui
concerne l'avenir, c'est qu'il n'est jamais conforme à
nos prévisions. »
Jean Dutourd

« La colère est nécessaire ; on ne triomphe de rien
sans elle, si elle ne remplit l'âme, si elle n'échauffe le
cœur ; elle doit donc nous servir, non comme chef,
mais comme soldat. »
Aristote

« La vie, c'est comme une bicyclette, il faut avancer
pour ne pas perdre l'équilibre. »
Albert Einstein

« Lorsque j'engage un combat, il ne me vient pas à
l'idée que je puisse le perdre. »
Jacques Chirac

« Le bonheur n'est pas dans la recherche de la perfection, mais dans la tolérance de l'imperfection. »
Yacine Bellik

« Le doute est le commencement de la sagesse. »
Socrate

« Qui veut gravir une montagne commence par le bas. »
Proverbe chinois

« La sagesse est de savoir que vous ne savez rien. »
Socrate

« À quoi bon soulever des montagnes quand il est si simple de passer par-dessus ? »
Boris Vian

« La sagesse, c'est d'avoir des rêves suffisamment grands pour ne pas les perdre de vue lorsqu'on les poursuit. »
Oscar Wilde

« Le sage se demande à lui-même la cause de ses fautes, l'insensé le demande aux autres. »
Confucius

« Celui qui ne craint pas de promettre de grandes choses a de la peine à les exécuter. »
Confucius

« Examine si ce que tu promets est juste et possible, car la promesse est une dette. »
Confucius

« Mieux vaut mille refus qu'une promesse non tenue. »
Proverbe chinois

« Le meilleur moyen de tenir sa parole est de ne jamais la donner. »
Napoléon Bonaparte

« Faire le bien sans chercher de récompense ; fuir le mal sans craindre le châtiment : homme rare sous le ciel. »
Confucius

« La chance aide parfois, le travail toujours. »
Proverbe brahman

« La femme a une puissance singulière qui se compose de la réalité de la force et de l'apparence de la faiblesse. »
Victor Hugo

« La réussite, c'est un peu de savoir, un peu de savoir-faire et beaucoup de faire-savoir. »
Jean Nohain

« Le travail de la pensée ressemble au forage d'un puits ; l'eau est trouble d'abord, puis elle se clarifie. »
Proverbe chinois

« Que la stratégie soit belle est un fait, mais n'oubliez pas de regarder le résultat. »
Winston Churchill

« La connaissance s'acquiert par l'expérience, tout le reste n'est que de l'information. »
Albert Einstein

« N'attends pas que les événements arrivent comme tu le souhaites. Décide de vouloir ce qui arrive... Et tu seras heureux. »
Épictète

« Tant qu'on ose se battre, même si on essuie des échecs, on est digne de respect. »
Lao She

« La plus grande gloire n'est pas de ne jamais tomber, mais de se relever à chaque chute. »
Confucius

« La simplicité est la sophistication suprême. »
Léonard de Vinci

« La bureaucratie réalise la mort de toute action. »
Albert Einstein

« La poubelle est le meilleur des accessoires de
rangement. »
San Antonio

« Le vieux sage assis au pied du baobab voit plus
loin que le jeune perché sur la branche. »
Proverbe africain

« Il est plus aisé d'être sage pour les autres que pour
soi-même. »
La Rochefoucauld

« Le tact est une qualité qui consiste à peindre les
autres tels qu'ils se voient. »
Abraham Lincoln

« S'éloigner de tout rapproche un peu de
l'essentiel. »
Loïck Peyron

« Plus vous saurez regarder loin dans le passé, plus
vous verrez loin dans le futur. »
Winston Churchill

« La folie, c'est se comporter de la même manière et s'attendre à un résultat différent. »
Albert Einstein

« L'éducation nous apprend les règles de la vie. L'expérience nous apprend les exceptions. »
Mina Guillois

« Échouer, c'est avoir la possibilité de recommencer de manière plus intelligente. »
Henry Ford

« L'erreur n'annule pas la valeur de l'effort accompli. »
Proverbe africain

« La vie est courte, l'art est long, l'occasion fugitive, l'expérience trompeuse, le jugement difficile. »
Hippocrate

« L'expérience est le nom que chacun donne à ses échecs. »
Oscar Wilde

« La force du nombre ne réjouit que le peureux. Celui qui est courageux en esprit se fait gloire de combattre seul. »
Gandhi

« Le courage, c'est de chercher la vérité et de la dire. »
Jean Jaurès

« Le courage n'est rien sans la réflexion. »
Euripide

« Tout obstacle renforce la détermination. Celui qui s'est fixé un but n'en change pas. »
Léonard de Vinci

« Mieux vaut vivre un jour comme un lion que cent ans comme un mouton. »
Proverbe italien

« Il ne dépend que de nous de suivre la route qui monte et d'éviter celle qui descend. »
Platon

« On compte plus facilement ses moutons que ses amis. »
Socrate

« La seule amitié qui vaille est celle qui naît sans raison. »
Arthur van Schendel

« Amitié vaut plus que parenté. »
Proverbe français

« Le droit de vote, ce n'est pas l'expression d'une humeur, c'est une décision à l'égard de son pays, à l'égard de ses enfants. »
Jacques Chirac

« Tout salaire mérite travail. »
Yvon Gattaz

« Mieux vaut devenir riche après avoir été pauvre, que de devenir pauvre après avoir été riche. »
Proverbe chinois

« Seul celui qui sait obéir pourra ensuite commander. »
Confucius

« Tout objectif flou conduit irrémédiablement à une connerie précise. »
Anonyme

« L'homme qui détient une mauvaise information
toujours prend une mauvaise décision. »
Colbert

« L'homme qui ne tente rien ne se trompe qu'une fois. »
Lao-Tseu

« La meilleure façon de prédire l'avenir, c'est de le créer. »
Peter Drucker

« Le vrai génie réside dans l'aptitude à évaluer l'incertain, le hasardeux, les informations conflictuelles. »
Winston Churchill

« Les salariés les plus inefficaces sont systématiquement mutés aux postes où ils risquent moins de faire de mal : l'encadrement. »
Scott Adams

« S'il y a un art de bien parler, il y a aussi un art de bien entendre. »
Épictète

« Non est une phrase complète. »
Anne Lamott

« Et si vous n'avez rien à dire, ce n'est pas la peine de le faire savoir à tout le monde ! »
Francis Blanche

113

© Eric Scarazzini, 2019
Édition : BoD – Books on Demand, 12/14 rond-point des
Champs-Élysées, 75008 Paris
Impression : BoD – Books on Demand, Norderstedt,
Allemagne
ISBN : 9782322183012
Dépôt légal : septembre 2019

114